# 5 kurze Geistergeschichten im Wald

# 5 kurze Geistergeschichten im Wald

Geschrieben von Fabian Bach

 tredition

Druck und Distribution im Auftrag des Autors:

tredition GmbH, Heinz-Beusen-Stieg 5, 22926 Ahrensburg, Deutschland

Kontaktadresse nach EU-Produktsicherheitsverordnung: fabianbach.kontakt@outlook.de

# 5 kurze Geistergeschichten im Wald

# Das Flüstern der Birken

Elias mochte den Wald. Besonders im Herbst, wenn die Blätter bunt waren und der Boden nach feuchtem Moos roch. Die Birken mit ihrer weißen Rinde sahen für ihn aus wie Wächter, still und aufmerksam, als würden sie heimlich alles beobachten. Oft ging er stundenlang zwischen ihnen spazieren, sammelte Kastanien oder hörte den Vögeln zu.

Elias war neun Jahre alt, neugierig, manchmal ein bisschen verträumt. Er liebte Geschichten – nicht die in Büchern, sondern die, die man fühlen konnte, wenn man ganz leise war. Und am meisten mochte er es, wenn der Wald so ruhig war, dass man den Wind zwischen den Zweigen hören konnte, als würde er etwas erzählen.

An einem Samstagnachmittag, als die Sonne tief stand und die Bäume langschattige Muster auf den Waldboden warfen, hörte Elias etwas Ungewöhnliches. Es war kein Vogel und kein Wind. Es klang wie ein Flüstern. Ganz leise. Fast wie jemand, der seinen Namen sagte.

„Eeeee-liiiias ..."

Er blieb stehen. Niemand zu sehen. Kein Mensch weit und breit. Nur Birken. Hunderte.

„Vielleicht ... war's nur der Wind", murmelte er und schüttelte den Kopf. Doch das Flüstern kam wieder. Es bewegte sich zwischen den Stämmen, sprang von Baum zu Baum – als wäre es lebendig.

Statt Angst zu bekommen, wurde Elias neugierig. Das Flüstern klang nicht bedrohlich, eher wie eine Einladung. Es lockte ihn tiefer in den Wald, auf Pfade, die er noch nie gesehen hatte. Er ging vorsichtig, trat über Wurzeln und Zweige, bis er an eine kleine Lichtung kam. In der Mitte stand eine besonders alte Birke. Ihre Rinde war dunkler als die der anderen, als hätte sie Geschichten in sich aufgenommen.

Elias trat näher. Plötzlich war es still. Kein Rascheln, kein Zwitschern. Nur diese eine Stimme, direkt in seinem Kopf:

„Du hörst uns. Endlich."

Elias zuckte zusammen. Er sah sich um. Keine Menschen. Kein Tier. Nur die alte Birke. Und dann – bewegte sich die Rinde. Ganz langsam. Wie ein Gesicht. Zwei Augen öffneten sich in der Maserung, sanft und freundlich.

„Ich bin die Erinnerungsbirke", sagte die Stimme in ihm. „Und du bist der erste Mensch seit langer Zeit, der uns noch hören kann."

„Uns?" Elias flüsterte, obwohl er nicht wusste, warum.

„Die Bäume. Wir sprechen, aber kaum einer hört mehr zu. Früher, vor vielen Jahren, haben Kinder uns besucht, Geschichten erzählt, unter unseren Ästen gespielt. Doch mit der Zeit … haben sie vergessen."

Elias schluckte. „Und warum kann ich euch hören?"

„Weil du fühlst, statt nur zu sehen. Und weil du dich erinnerst, dass der Wald lebt."

Die Birke erzählte von einem alten Spielplatz, der einst hier war – Schaukeln an Ästen, ein geheimes Baumhaus, das Kinder mit bunten Tüchern geschmückt hatten. Doch irgendwann kamen sie nicht mehr. Der Wind trug keine Kinderlieder mehr. Die Bäume wurden still.

„Kann ich helfen?", fragte Elias.

Die Birke nickte. „Erzähle von uns. Male Bilder. Pflanze einen Samen. Wenn ein Kind einen Baum wieder wirklich sieht –

nicht nur als Holz, sondern als Wesen –
dann beginnt das Flüstern neu."

Elias setzte sich an den Fuß des Baums.
Stundenlang sprach die Birke zu ihm – in
Bildern, Klängen, Erinnerungen. Er sah ein
Reh, das einst unter ihrem Schutz geboren
wurde. Einen Fuchs, der hier jeden Winter
schlief. Und ein Mädchen, das früher unter
genau diesem Baum jeden Nachmittag las.

Als es dunkel wurde, machte Elias sich auf
den Heimweg. Die Birken flüsterten ihm
zum Abschied leise zu, wie ein Lied im
Wind. Zu Hause schrieb er alles auf. Jede
Geschichte. Jedes Bild. Und am nächsten
Tag erzählte er es seinen Freunden.

Bald kamen andere Kinder mit ihm in den
Wald. Sie malten Gesichter in die Rinde
(vorsichtig, mit Kreide). Sie flüsterten
Gedichte in die Zweige. Und manchmal –
ganz selten – hörte eines von ihnen ein
sanftes Flüstern zurück.

Die Erinnerungsbirke blühte wieder.
Kleine, silbrige Blätter trieben aus ihren
Zweigen. Und Elias wusste: Es war nur der
Anfang.

Ein Jahr später pflanzte Elias einen neuen
Baum. Er setzte sich jeden Tag daneben,
flüsterte ihm Geschichten zu, erzählte ihm
von der Birke, dem Reh, dem Fuchs. Und
eines Morgens, als der Wind über den
Hügel strich, hörte er es wieder – ganz
leise.

„Danke ... Elias.“

# Der Schattenfuchs

Lina war acht Jahre alt und lebte in einem kleinen Dorf, das von dunklen Tannenwäldern umgeben war. Jeden Tag nach der Schule lief sie am Waldrand entlang, schaute den Krähen zu, wie sie über die Baumwipfel zogen, oder pflückte wilde Blumen. Die Erwachsenen sagten oft: „Geh nicht zu tief in den Wald. Da

verirrt man sich." Aber Lina war mutig.
Und sie mochte Geheimnisse.

Eines Tages, als der Himmel voll goldener
Abendwolken war, sah sie etwas
Seltsames zwischen den Bäumen. Ein
Schatten. Schnell. Lautlos. Er huschte
durch das Unterholz – wie ein Tier, aber
anders. Kein Reh, kein Hund. Zu schlank.
Zu lautlos. Zu … geheimnisvoll.

Lina hielt den Atem an. Der Schatten
bewegte sich geschmeidig wie ein Fuchs,
aber er war ganz schwarz. So tiefschwarz,
dass er beinahe durchsichtig wirkte. Und
dann – für den Bruchteil einer Sekunde –
drehte das Wesen den Kopf. Und sie sah
seine Augen. Große, leuchtende Augen.
Wie zwei kleine Monde. Und Lina wusste:
Das war kein normaler Fuchs.

Sie rannte nach Hause, das Herz klopfte
ihr bis in die Fingerspitzen. Doch statt

Angst spürte sie etwas anderes. Neugier. Der Schattenfuchs hatte sie nicht erschreckt – er hatte sie gerufen.

In der Nacht konnte sie kaum schlafen. Immer wieder dachte sie an die Augen. An die Stille. Und als sie endlich einschlief, träumte sie von einem Pfad im Wald, der nur bei Mondlicht sichtbar war. Auf diesem Pfad lief der schwarze Fuchs. Und jedes Mal, wenn er sich umsah, flüsterte etwas in Linas Ohr: „Folge mir, aber sei leise."

Am nächsten Nachmittag nahm sie eine Taschenlampe mit und schlich sich in den Wald. Sie ging tiefer als sonst. Da war kein Weg. Nur Moos, Baumstämme und das entfernte Rufen einer Eule. Dann – plötzlich – war er wieder da. Der Schattenfuchs.

Er stand nur wenige Meter entfernt und sah sie an. Diesmal wartete er. Dann drehte er sich um und ging langsam los.

Lina folgte ihm. Schritt für Schritt. Ohne ein Wort. Der Wald schien sich zu verändern. Die Bäume standen enger, das Licht war seltsam bläulich. Als würde sie durch einen Traum wandern.

Schließlich kamen sie zu einer kleinen Lichtung. In der Mitte stand ein alter Brunnen, verwachsen und von Efeu umschlungen. Der Fuchs setzte sich davor. Dann hob er den Kopf und heulte – aber nicht wie ein Tier. Es war ein Ton, der wie Musik klang. Traurig und schön.

Aus dem Brunnen stieg Nebel auf. Und aus dem Nebel kam ein leises Wispern.

„Danke, dass du gekommen bist, Lina."

Sie sah sich um. Niemand zu sehen. Nur der Fuchs – und sein Blick sagte ihr, dass sie zuhören sollte.

Die Stimme erzählte ihr von den verlorenen Geschichten des Waldes. Von Geistern, die einst Tiere waren. Von Kindern, die vergessen hatten, wie man träumt. Und vom Fuchs – einem Hüter, der Schatten geworden war, weil niemand mehr an ihn glaubte.

„Du kannst uns helfen", flüsterte es. „Erzähl weiter. Lass den Wald wieder träumen."

Lina spürte eine Träne auf ihrer Wange, ohne zu wissen warum. Sie setzte sich neben den Brunnen und versprach: „Ich werde eure Geschichten erzählen."

Der Schattenfuchs stand auf, kam ganz nah zu ihr und stupste ihre Hand mit seiner Nase. Einen Moment lang fühlte sich seine Wärme wie ein Herzschlag an.

Dann drehte er sich um – und verschwand im Nebel.

Von diesem Tag an kam Lina oft zurück zur Lichtung. Und jedes Mal war da eine neue Geschichte. Mal sang der Wind, mal zeigte das Moos Bilder. Und manchmal – wenn der Mond hoch stand – sah sie den Schattenfuchs am Rand der Bäume.

Sie wurde eine Sammlerin der Geistergeschichten. Der Tiere. Der Bäume. Der alten Geheimnisse.

Und wer genau hinhört, wenn er bei Nacht durch den Wald geht, der hört vielleicht das leise Flüstern eines Fuchses im Schatten: „Lina hat uns nicht vergessen."

# Die Glühwürmchenbrücke

Noah liebte es, in der Dämmerung draußen zu sein. Wenn der Himmel langsam von Blau zu Violett wurde und die ersten Sterne aufleuchteten, saß er oft auf dem alten Holzsteg am Waldrand und sah den Libellen beim Tanzen zu. Der Steg führte über einen kleinen Bach, der am Tag gluckerte und in der Nacht zu flüstern schien.

Eines Abends, als alles besonders still war, bemerkte Noah etwas Ungewöhnliches. Auf dem Wasser bewegte sich ein schimmerndes Licht. Zuerst dachte er, es sei ein Glühwürmchen. Doch es war größer. Und es war nicht allein.

Eins. Zwei. Zehn. Hundert.

Glühwürmchen – aber sie leuchteten nicht nur, sie formten etwas. Eine Linie. Dann einen Bogen. Und schließlich – eine Brücke. Eine Brücke aus Licht, die direkt über den Bach führte.

Noah traute seinen Augen kaum. Die Brücke war zart und wunderschön. Und auf der anderen Seite – am Rand der Bäume – stand ein Mädchen. Ganz still. Sie hatte ein weißes Kleid, das im Wind flatterte, und in der Hand hielt sie ein altes Windspiel, das leise klang.

„Noah", sagte sie, obwohl er ihren Namen nie gesagt hatte. „Ich habe auf dich gewartet."

„Wer bist du?", fragte Noah. Seine Stimme zitterte ein bisschen, aber er hatte keine Angst. Nur Staunen.

„Ich bin die Hüterin der verlorenen Wege", antwortete sie. „Und du kannst sehen, was andere vergessen haben."

Die Brücke aus Glühwürmchen flackerte sanft. Das Mädchen trat auf sie. „Komm", sagte sie. „Ich zeig dir, was nachts erwacht."

Noah setzte vorsichtig einen Fuß auf die Brücke. Sie fühlte sich nicht an wie Licht – eher wie warmer Nebel. Mit jedem Schritt wurde es leiser um ihn. Kein Rascheln, kein Wind. Nur das sanfte Summen der Glühwürmchen.

Auf der anderen Seite angekommen, veränderte sich der Wald. Die Bäume waren größer, ihre Rinde schimmerte silbern. Blätter hingen wie Lampions herab, leuchtend wie Sterne. Tiere, die Noah nie gesehen hatte, beobachteten ihn: Ein Reh mit Moosgeweih. Ein Eichelhäher mit goldenen Federn. Und über allem schwebte ein Hauch von Musik – ganz leise, wie ein vergessener Schlafliedreim.

„Dieser Ort", sagte das Mädchen, „gehört den Erinnerungen. Hier sammeln sich die Träume, die Kinder verloren haben. Und du kannst helfen, sie zurückzubringen."

Sie führte Noah zu einer Wiese. Dort lagen Dinge: Ein einzelner Turnschuh, ein Kuscheltier ohne Ohr, ein zerknickter Papierflieger. Alles Dinge, die einmal geliebt worden waren. „Wenn du dich erinnerst, werden sie wieder lebendig."

Noah sah den Papierflieger an. Plötzlich fiel ihm ein: Den hatte er selbst mit seinem Opa gebastelt. Lange her. Und da – ganz leise – hob der Flieger sich in die Luft und drehte eine Runde über die Wiese.

Das Mädchen lächelte. „Du verstehst es."

Die Nacht verging wie ein Wimpernschlag. Als die ersten Sonnenstrahlen durch die Bäume fielen, löste sich die Glühwürmchenbrücke in Licht auf. Noah stand wieder am Steg. Kein Mädchen mehr. Kein Papierflieger. Nur der Bach und der Duft von feuchtem Moos.

Aber in seiner Hand – da lag das Windspiel.

Es klang, wenn der Wind wehte. Und jedes Mal, wenn es klingelte, spürte Noah, dass die verlorenen Wege nie ganz verschwinden – wenn man nur weiter träumt.

# Die Nebelgrenze

Lena mochte den frühen Morgen. Wenn der Himmel noch grau war und der Nebel wie ein Schleier zwischen den Bäumen hing, war der Wald stiller als sonst. Nicht mal die Vögel sangen so früh. Nur das

Rascheln von Blättern, das Tropfen von
Tau – und dieses eine Geräusch, das Lena
nicht beschreiben konnte. Ein fernes Echo,
wie ein Atem, der durch die Bäume ging.

An einem Herbstmorgen, noch bevor die
Sonne ganz aufgegangen war, schlich Lena
mit ihrem alten Rucksack in den Wald. Sie
trug Gummistiefel, eine Thermoskanne
mit heißem Kakao und ihr Notizbuch – sie
zeichnete gern Bäume und Pilze,
manchmal auch Fantasietiere. Doch heute
wollte sie tiefer in den Wald. Hinter die
Nebelgrenze.

So nannte sie den Punkt, an dem der Weg
aufhörte und der Wald so dicht wurde,
dass der Nebel darin hängen blieb wie
Zuckerwatte. Ihre Eltern sagten immer:
„Bleib auf den Wegen, Lena. Im Nebel
kann man sich verlaufen." Aber etwas in
ihr zog sie immer wieder dorthin.

An diesem Morgen schien der Nebel lebendig. Er kroch um ihre Füße, glitt durch die Äste, schwebte fast schwerelos zwischen den Birken. Lena trat vorsichtig weiter, Schritt für Schritt, bis der Wald um sie herum fast ganz weiß war.

Und dann hörte sie es.

Ein Glöckchen. Ganz leise. Kein Windspiel, kein Handyton. Es klang alt. Klar. Und es kam von irgendwo hinter dem dichten Nebel.

Lena zögerte. Aber die Neugier war größer als jede Angst. Sie schob Zweige beiseite und folgte dem Klang, bis sie plötzlich vor etwas stand, das sie nie erwartet hätte: Ein Tor. Einfach so mitten im Wald. Es war aus verwittertem Holz, über und über mit Moos und Flechten bedeckt. Doch das Tor war geschlossen. Und es schien nicht zu etwas zu führen – dahinter war nur noch mehr Nebel.

Lena trat näher. Das Glöckchen klang wieder – direkt über ihr. Sie sah nach oben. Ein kleiner, silberner Anhänger schaukelte am Torbogen, bewegte sich ganz leicht, obwohl kein Wind wehte. Und auf einmal … bewegte sich das Tor.

Langsam. Knarrend. Und lautlos zugleich.

Dahinter: Nichts.

Nur Weiß. Nebel. Und dann – ein Schatten.

Er war groß. Langbeinig. Und doch … durchscheinend. Kein Tier. Kein Mensch. Etwas dazwischen. Der Schatten trat näher, und Lena wich einen Schritt zurück. Doch sie spürte keine Angst. Das Wesen war ruhig. Majestätisch. Und seine Augen

– wenn es denn welche hatte –
schimmerten wie Morgentau.

„Du bist über die Nebelgrenze gegangen",
sagte eine Stimme. Nicht laut. Eher wie
ein Gedanke, der direkt in Lenas Herz fiel.

„Was ... bist du?" Lena flüsterte.

„Ich bin der Wächter der Übergänge",
antwortete das Wesen. „Und du bist das
erste Kind seit langer Zeit, das mich sehen
kann."

„Warum?"

„Weil du siehst, ohne zu fragen. Weil du
gehst, ohne zu suchen. Weil du dich
erinnerst, dass der Nebel kein Schleier,
sondern ein Pfad ist."

Lena trat näher. Das Wesen senkte den
Kopf. Es roch nach Moos und Regen und
Licht. In seinem Fell – oder Nebelkörper –

glühten kleine Punkte wie Sterne. Und dann hob es einen Huf – oder vielleicht eine Hand – und berührte Lenas Stirn.

Sie sah Bilder. Keine Erinnerungen – eher Träume. Einen See im Winter, der singen konnte. Eine Eule mit goldenen Flügeln. Kinder, die einst durch dieses Tor gegangen waren, um Geschichten aus einer anderen Welt zurückzubringen.

„Du darfst gehen", sagte der Wächter. „Aber du musst erinnern."

Lena nickte. Als sie sich umdrehte, war das Tor nicht mehr da. Nur Wald. Und der Nebel hatte sich gelichtet. Ein Sonnenstrahl fiel durch die Bäume und traf genau auf ihre Schuhe. Sie ging langsam zurück, und bei jedem Schritt spürte sie: Etwas hatte sich verändert.

Als sie zuhause ankam, roch ihre Kleidung nach Wald. Ihre Hände waren feucht vom Tau. Und in ihrer Jackentasche lag ein kleiner Anhänger aus Silber – ein winziges Glöckchen.

Sie hängte es ans Fenster. Es klang nie, wenn sie selbst es berührte. Aber manchmal, wenn sie zeichnete oder träumte, hörte sie es leise klingen.

Dann wusste sie: Der Wächter war noch da. Und der Nebel war kein Schleier. Er war eine Tür.

# Die Uhr aus Farn

---

Emilia sammelte gern Dinge, die andere
übersahen. Ein Käferflügel in Türkis, der
im Sonnenlicht glitzerte. Ein Blatt, das wie
ein Herz aussah. Ein Stück Baumrinde mit

einem Abdruck, der fast wie ein Gesicht wirkte. Ihre Hosentaschen waren immer voller kleiner Schätze, und ihr Notizbuch quoll über mit Skizzen, die sie im Wald gemacht hatte.

Der Wald war für sie kein Ort zum Spazierengehen – er war wie ein Museum, das sich ständig veränderte. Kein Tag war wie der andere. An einem Morgen im Mai aber, als der Tau noch auf den Blättern lag und der Himmel nur langsam hell wurde, fand Emilia etwas, das sie nie erwartet hätte.

Sie war auf einem Trampelpfad unterwegs, den kaum jemand kannte, als sie plötzlich stehen blieb. Zwischen zwei großen Farnblättern glänzte etwas in der Morgensonne. Erst dachte sie, es sei nur ein Käfer oder eine feuchte Schnecke.

Doch als sie sich bückte, sah sie: Es war eine kleine Taschenuhr.

Sie war aus Messing, rund, mit zarten Gravuren, und sie hing an einem fast völlig überwucherten Kettchen, das wie eine Liane durch das Farnkraut schlängelte. Auf der Rückseite der Uhr war ein eingraviertes Symbol – ein Kreis, um den zwölf kleine Blätter tanzten wie Zahlen.

Neugierig öffnete Emilia den Deckel. Kein Ziffernblatt. Kein Zeiger. Nur ein wirbelndes, tiefgrünes Licht, das sich drehte wie ein Wasserstrudel. Es sah aus wie Moos – lebendig, atmend. Und dann – blieb alles um sie herum plötzlich still.

Kein Vogelruf. Kein Wind. Kein Rascheln.

Emilia stand auf, blickte sich um – und sah, dass der Wald sich verändert hatte. Die Farben waren intensiver. Das Moos an den Bäumen leuchtete smaragdgrün, und die Bäume wirkten größer, älter, als hätten sie seit Tausenden von Jahren gewartet. Über ihr flogen Libellen, aber sie waren riesig, mit Flügeln wie Glasfenster. Und der Himmel – der war nicht mehr blau, sondern blassgolden.

„Wo bin ich?" flüsterte Emilia.

Eine Stimme antwortete. Nicht laut – sie kam wie ein Flüstern aus dem Farn.

„Du hast die Zeit berührt, Emilia. Willkommen in der Stunde zwischen den Momenten."

Ein Wesen trat aus dem Dickicht. Es war nicht groß, aber seltsam und schön: Halb Tier, halb Pflanze. Es hatte Beine wie ein Reh, Arme wie Zweige, und Augen, die wie glitzernde Regentropfen wirkten.

„Ich bin Farnkind", sagte es. „Und du hast die Uhr gefunden, die die Zeit nicht zählt, sondern sie sammelt."

Emilia starrte auf das grüne Licht in der Uhr. „Was bedeutet das?"

„Es ist eine Tür. Aber keine in einen Ort – in ein Gefühl. Wer sie öffnet, betritt den Wald wie er einst war. Wie er geträumt wurde. Du bist jetzt dazwischen. Du kannst sehen, was andere längst vergessen haben."

Farnkind führte sie durch diesen fremdartigen Wald. Sie sah Rehe, die sich im Licht auflösten wie Nebel. Bäume, deren Rinde Muster trug, die sich bewegten, wenn man hinsah. Ein Fuchs, der mit leuchtenden Augen ein Lied sang, das nicht aus Worten bestand, sondern aus Wind und Erinnerung.

„Aber warum ich?“, fragte Emilia.

Farnkind lächelte. „Weil du suchst, ohne zu wissen wonach. Weil du sammelst, ohne zu nehmen. Und weil du verstehst, dass ein Käferflügel mehr sein kann als nur ein Käferflügel.“

Die Zeit stand still – oder sie verging zu schnell. Als Emilia wieder am Waldrand stand, war alles wie vorher. Der Farn, das Vogelzwitschern, das Licht. Die Uhr war verschwunden. Doch in ihrem Notizbuch lag ein einzelnes Blatt – golden, leicht, und in der Form eines Uhrwerks.

Und jedes Mal, wenn Emilia im Wald war, passierte es wieder: Der Wind drehte sich, die Farben wurden intensiver, und für einen Moment – ganz kurz – hörte sie Farnkind lachen.

Und sie wusste: Die Zeit sammelt mehr,
als man denkt.

MIX

Papier | Fördert
gute Waldnutzung

FSC® C083411

Zeitfracht Medien GmbH
Ferdinand-Jühlke-Straße 7
99095 Erfurt, Deutschland
produktsicherheit@kolibri360.de